BEI GRIN MACHT SIC
WISSEN BEZAHLT

- Wir veröffentlichen Ihre Hausarbeit,
  Bachelor- und Masterarbeit

- Ihr eigenes eBook und Buch -
  weltweit in allen wichtigen Shops

- Verdienen Sie an jedem Verkauf

Jetzt bei www.GRIN.com hochladen
und kostenlos publizieren

Julia Kirst

André Bretons "Nadja" als Beispiel surrealistischen Schreibens

GRIN Verlag

Bibliografische Information der Deutschen Nationalbibliothek:

Die Deutsche Bibliothek verzeichnet diese Publikation in der Deutschen National-
bibliografie; detaillierte bibliografische Daten sind im Internet über http://dnb.d-
nb.de/ abrufbar.

Impressum:

Copyright © 2007 GRIN Verlag GmbH
Druck und Bindung: Books on Demand GmbH, Norderstedt Germany
ISBN: 978-3-638-95321-4

Dieses Buch bei GRIN:

http://www.grin.com/de/e-book/93405/andre-bretons-nadja-als-beispiel-surrealisti-
schen-schreibens

GRIN - Your knowledge has value

Der GRIN Verlag publiziert seit 1998 wissenschaftliche Arbeiten von Studenten, Hochschullehrern und anderen Akademikern als eBook und gedrucktes Buch. Die Verlagswebsite www.grin.com ist die ideale Plattform zur Veröffentlichung von Hausarbeiten, Abschlussarbeiten, wissenschaftlichen Aufsätzen, Dissertationen und Fachbüchern.

Technische Universität Berlin

Fakultät I

SE Breton, Gracq und der Surrealismus

André Bretons *Nadja*
als Beispiel surrealistischen Schreibens

vorgelegt von:

Julia Kirst

August 2007

Inhaltsverzeichnis

Einleitung _____ 3

2 Die Darstellung Nadjas _____ 5

3 L'hasard objectif _____ 8

3.1 Die Zeichen und Vorahnungen _____ 10

4 Die Beziehung zwischen Breton und Nadja _____ 12

4.1 Nadja in der Rolle des Mediums _____ 13

4.2 Das Abhängigkeitsverhältnis zwischen Breton und Nadja _____ 14

5 Die Illustrationen _____ 17

5.1 « Mme Sacco », « Blanche Derval » und « Ses yeux de fougère » _____ 19

5.2 Nadjas Zeichnungen _____ 20

5.2.1 Die Darstellung Najas in den Zeichnungen _____ 20

6 Nadja und die *folie* _____ 22

Abschlussbetrachtungen _____ 24

Literatur _____ 25

Primärliteratur _____ 25

Sekundärliteratur _____ 25

Einleitung

Die Ausarbeitung beschäftigt sich mit dem 1928 entstandenen Werk André Bretons, *Nadja*.

Mit der Veröffentlichung seines ersten *manifeste du surréalisme* 1924 in Paris, begründet André Breton die Epoche des Surrealismus. 1926, im Alter von dreißig Jahren, ist er der Anführer der *groupe surréaliste*, zu welcher hauptsächlich die ehemaligen Anhänger der Richtung des Dadaismus zählten, wie beispielsweise Aragon, Éluard, Desnos, Péret oder Soupault, die auch in der Erzählung eine Rolle spielen. Die Gemeinschaft der Surrealisten wollte nichts anderes als die Revolution der Welt und des Lebens. Durch das wachsende politische Interesse näherte sich die Gruppe der *Parti communiste*.[1] Breton setzte sich dann jedoch für Trotski ein.[2]

1926 ist er noch mit seiner Frau Simone verheiratet. Gleichzeitig hat er sich aber auch in eine andere Frau, Lise Meyer (*la dame au gant*) verliebt, da die Leidenschaft in seiner Ehe nachgelassen hat. Vor diesem Hintergrund, der politischen Unsicherheit, dem Zweifel über die zukünftige Entwicklung der surrealistischen Bewegung, trifft er am vierten Oktober 1926 auf Nadja.[3] Zehn Montate nach dem Treffen beginnt er in Manoir d'Ango *Nadja* zu verfassen. Bis zu ihrer Einlieferung in die psychiatrische Anstalt am 21. März 1927 hat Breton Nadja weiterhin gesehen und finanziell unterstützt.[4]

Besonders sein Werk *Nadja* kann als gelungenes Beispiel surrealistischen Schreibens angesehen werden. Durch die Besonderheit ihrer Person nimmt Nadja dabei eine wichtige Rolle ein und könnte als Verkörperung des Surrealismus bezeichnet werden.

In der Hausarbeit wird es zunächst um die Darstellung der Figur, Nadja gehen und zudem um den autobiografischen Hintergrund ihrer Person. Wer war Nadja im wirklichen Leben und in welcher Beziehung stand sie zu André Breton?

Eine sehr wichtige Rolle nehmen im Werk zudem die Erscheinungen der Theorie des *hasard objectif* ein. Diese verwandeln das alltägliche Leben zum *merveilleux quotidien*

---

[1] Vgl. Fauconnier (2004), S. 98.
[2] Vgl. ebd.
[3] Vgl. ebd., S. 99.
[4] Vgl. ebd., S. 101.

und verschaffen damit den Zugang zum Wunderbaren. Letztere stellt das zentrale Begehren der surrealistischen Wahrnehmung dar.[5]

Besonders die Beziehung zwischen dem Erzähler und Nadja, die Bedingtheit beider Personen, ist für das gesamte Werk von großer Wichtigkeit, denn das Zusammentreffen zwischen André Breton und Nadja veränderte sein gesamtes Leben und beeinflusste zusätzlich die Bewegung des Surrealismus im Allgemeinen. Nadja nimmt im Werk die Rolle eines Mediums ein, wodurch sie Breton den Zugang zu ihrer geheimnisvollen Welt verschafft und wodurch zudem ein interessantes Abhängigkeitsverhältnis zwischen dem Paar entsteht.

Im Hinblick auf den *hasard objectif* sind die Illustrationen und Zeichnungen bedeutend. Sie verleihen dem Werk visuellen Charakter. Besonders die abstrakten, surrealistischen Zeichnungen Nadjas sind in Bezug auf ihre Person und das Werk im Allgemeinen relevant.

In einem letzten Punkt dieser Ausarbeitung wird es um Nadja und den Wahnsinn gehen. Dabei wird unter anderem der Frage nach der moralischen Verantwortung Bretons gegenüber der jungen Frau nachgegangen werden, denn sie litt unter starken Angstzuständen und Halluzinationen, weshalb sie in eine psychiatrische Anstalt eingeliefert wurde, wo sie bis zu ihrem Tod 1941 eingeschlossen blieb.

---

[5] Vgl. Weyand (2006), S. 42/43.

2 Die Darstellung Nadjas

Zunächst einmal soll der Frage nachgegangen werden, um wen es sich bei der Figur Nadja, der der Titel der Erzählung gewidmet ist, handelt.

Breton trifft die Unbekannte am vierten Oktober 1926 auf der Straße, la rue Lafayette. Sie heißt Nadja. Den Namen hat sie sich selbst ausgewählt und signiert auch damit ihre Zeichnungen, da sie sich in dem Namen am besten wiedererkennt und dementsprechend genannt werden möchte[6] und *parce que en russe, c'est le commencement du mot espérance* [Nadjedja] *et parce que ce n'en est que le commencement.*[7]

Heute ist bekannt, dass ihr eigentlicher Name, der im Text nicht erwähnt wird, Léona Camille Ghislaine Delcourt[8] war. Sie wurde am 23. Mai 1902 in Lille geboren und starb in einer psychiatrischen Klinik am 15. Januar 1941.[9] Ihre Eltern lebten getrennt und sie stammt aus ärmlichen Verhältnissen. Zwischen der Geschichte der realen Person Léona und Nadja im Text existiert folglich eine Vielzahl an Gemeinsamkeiten. Anspielungen auf ihren richtigen Namen geben im Text nur der Hinweis auf Mademoiselle D. oder der *bon ami*, der Nadja, wie seine verstorbene Tochter, Léna nennt (Léna und Léona ähneln sich im Hinblick auf ihre Aussprache).[10] Im August 1927 beginnt Breton während seines Urlaubs in Manoir d'Ango *Nadja* zu verfassen. Er folgt damit der Vorahnung von Léona/Nadja, die sie ihm am siebten Tag ihres Treffens prophezeit hat :

> Tu écriras un roman sur moi. Je t'assure. Ne dis pas non. Prends garde: tout s'affaiblit, tout disparaît. De nous il faut que quelque chose reste...[11]

Aus dem Treffen zwischen Breton und Nadja entsteht eine merkwürdige Beziehung. Während ihrer Treffen kommt es zu mysteriösen Ereignissen und Breton ist daher zunächst stark an der jungen Frau interessiert.

Doch dann geht die Beziehung zwischen den beiden immer weiter auseinander, da Breton das Interesse an ihr zu verlieren scheint. Nachdem zu Beginn zunächst ihre

---

[6] Vgl. Mourier-Casile (1994), S. 23.
[7] *Nadja* (1963), S. 62.
[8] Vgl. Fauconnier (2004), S. 99.
[9] Vgl. Mourier-Casile, S. 24.
[10] Vgl. Mourier-Casile (1994), S. 23.
[11] *Nadja* (1963), S. 100.

Person und ihr Hintergrund, ihr Aussehen und besonders ihre Augen beschrieben wurden, so werden dann in Folge eine Reihe von Zeichnungen und symbolischen Autoportraits nebeneinander im Text eingefügt und treten an die Stelle der Person Nadja. Mourier-Casile schreibt über die Bilder Nadjas :

> Les dessins de Nadja se substituent désormais « à la personne de Nadja » [...], masquant le visage, métamorphosant le corps en monstre mythologique.[12]

Auch durch die abstrakten, unwirklichen Zeichnungen wird Nadja zu einer mystischen, surrealistischen Figur. Das Nebeneinanderstellen der Bilder zum Ende der Erzählung hält die Präsenz Nadjas aufrecht.[13]

Zum Ende der Erzählung erfährt Breton, dass Nadja in ihrem Hotel wahnsinnig geworden ist (vgl. *Nadja*, S. 127). Auch dies entspricht der Wahrheit. Léona wurde zunächst in die Anstalt von Vaucluse gebracht und anschließend in eine psychiatrische Klinik im Norden eingewiesen, wo sie bis zu ihrem Tod 1941 eingeschlossen blieb.

Die Welt, in der Nadja lebt, ist von bizarren Symbolen und Ereignissen geprägt. Ihrer Person werden im Werk geisterhafte Attribute zugeschrieben, so dass sie an die Gestalt eines Phantoms erinnert. Sie hat Visionen und Vorahnungen, so dass der Eindruck erweckt wird, sie trage eine geheimnisvolle Botschaft mit sich, die entschlüsselt werden muss.

Nadja taucht im Werk erst ziemlich spät, zufällig und sehr plötzlich auf:

> **Tout à coup** [...] je vois une jeune femme, très pauvrement vêtue, qui, elle aussi, me voit ou m'a vu. Elle va la tête haute, **contrairement à tous les autres passants**. Si frêle qu'elle se pose à peine en marchant. [...] Curieusement fardée, comme quelqu'un qui, ayant commencé par les yeux, n'a pas eu le temps de finir, mais **le bord des yeux si noir pour une blonde**. [...] Je n'avais jamais vu de tels yeux. [eigene Hervorhebungen][14]

Besonders durch ihren speziellen Gang, hebt sie sich von den anderen Spaziergängern ab. Sie scheint zu schweben und bewegt sich im Gegensatz zu den anderen mit erhobenem Kopf. Zusätzlich fallen ihre schwarz geschminkten Augen auf. Sie erinnern, wie auch ihr gesamtes Wesen, an etwas Fremdes und Sonderbares.

---

[12] Mourier-Casile (1994), S. 55.
[13] Vgl. ebd.
[14] *Nadja* (1963), S. 58/59..

Etwas später im Text erwähnt der Autor erneut das Besondere an Nadjas Augen:

Que peut-il bien passer de si extraordinaire dans ces yeux? Que s'y mire-t-il à la fois obscurément de détresse et lumineusement d'orgueil ?[15]

Dieser mysteriöse Aspekt, der mit ihrer Figur in Zusammenhang steht, wird besonders durch ihre Vorhersehungen verstärkt. Sie ist in der Lage Dinge vorherzusehen und Signale oder Zeichen wahrzunehmen, die nicht erklärbar sind und die andere nicht sehen. Zusätzlich scheint sie besondere Kräfte auf andere Personen auszuwirken und zudem eine Anziehungskraft auf Kinder auszuüben, worauf später noch genauer eingegangen wird. Ihre sonderbaren Fähigkeiten stehen mit der Theorie des *hasard objectif* in Verbindung, der zudem das gesamte Werk prägt (siehe 3).

Thélot verdeutlicht zudem, dass Nadja die Rolle eines Opfers einnimmt. Als Nadja sich Breton bei ihrem ersten Treffen anvertraut wird deutlich, dass sie bereits zweimal auf traumatische Weise verlassen wurde. Zum einen von ihrem ehemaligen Freund aus Lille, den sie in Paris wieder getroffen hat, und zum anderen von ihrem *Grand ami*, der sie ebenfalls sich selbst überlassen hatte. Die Umstände zwangen sie dazu, sich der Prostitution hinzugeben.[16] Bereits bei dem ersten Kuss, den sich die Breton und Nadja im Taxi geben, erahnt Nadja etwas Bedrohliches. Am 13. Oktober verlässt schließlich auch Breton die junge, hilflose Frau, die nun zum dritten Mal in ihrem Zustand voller Halluzinationen und Angstzuständen allein gelassen wird.[17]

---

[15] *Nadja* (1963), S. 59/60.
[16] Vgl. Thélot (1998), S. 284.
[17] Vgl. ebd.

7

3 L'hasard objectif

Ganz am Anfang der Erzählung macht Breton bereits auf bestimmte *faits*[18] aufmerksam:

> Il s'agit de **faits** de valeur intrinsèque sans doute **peu contrôlable** mais qui, par leur **caractère absolument inattendu** [...] ; **il s'agit de faits qui,** fussent-ils de l'ordre de la constatation pure, **présentent chaque fois toutes les apparences d'un signal**, sans qu'on puisse dire au juste de quel signal [...] qui me convainquent de mon illusion toutes les fois que je me crois seul [...]. [eigene Hervorhebungen][19]

Es handelt sich folglich um spezielle Zeichen oder Signale, die unkontrollierbar und plötzlich auftreten. Diese Signale sind Anzeichen des *hasard objectif*.

Die Theorie des *hasard objectif* « est une forme de manifestation de la nécessité extérieur qui se faire un chemin dans l'inconscient humain »[20].

Das Konzept geht von der Synthese zwischen der Subjektivität und der Objektivität aus, das heißt zwischen dem individuellen Unterbewusstsein und den Ereignissen des sozialen, alltäglichen Lebens. So können beispielsweise an einem gewöhnlichen Tag, während eines Spaziergangs durch die Straßen, unerklärliche Vorfälle oder Zeichen, wie wahrsagerische Vorahnungen oder verwirrende Erinnerungen von geheimer Kraft, auftreten können. [21] Dabei hängt es jedoch von dem entsprechenden Betrachter ab, ob die Zeichen für ihn sichtbar werden oder nicht. Voraussetzung für die Entfaltung des Wunderbaren ist die Befreiung von Denkzwängen.[22] Der *hasard objectif* stellt das Zusammenwirken des Unterbewusstseins mit der objektiven Umwelt dar, die das Wunderbare (*le merveilleux*) in das alltägliche Leben integrieren.

Diese *automatismes intérieurs* [23] können sich folglich mit der städtischen Welt vermischen. Auch die Fotografien, die dem Text Bretons beigefügt sind, unterstützten dieses Phänomen: Banalität und Fantastisches werden miteinander verknüpft. Im Text findet diese Synthese in Mitten der Architektur von Paris statt. Folglich verbreitet sich eine beunruhigende, fremde Stimmung, die sich auf den Leser überträgt.[24]

---

[18] *Nadja* (1963), S. 19.
[19] Ebd., S. 19/20.
[20] Vgl. Mourier-Casile, S. 134.
[21] Vgl. Carrouges (1950), S. 246.
[22] Vgl. Weyand (2006), S. 43.
[23] Carrouges (1950), S. 251.
[24] Vgl. ebd..

Castre bezeichnet mit dem *hasard objectif* genau jene Signale, Vorausdeutungen und traumartigen Symbole, die zufällig und plötzlich in Erscheinung treten. Dies ist für ihn die Sprache des *Merveilleux*.[25] Beispiele für diese traumartigen Erscheinungen sind im Text die Hand, die Nadja an mehreren Stellen erscheint oder die Stimme, die ihr vorhersagt, dass sie sterben wird.

Breton versteht unter dem *hasard objectif* « le meilleur agent de l'élucidation des rapports entre la nécessité naturelle et la nécessité humaine, corrélativement entre la nécessité et la liberté ».[26]

Das heißt, es handelt sich, um die beste Methode zur Aufklärung der Zusammenhänge zwischen der Notwendigkeit und der Freiheit. Mit der Notwendigkeit ist das gesellschaftliche Leben gemeint, das von Normen und Regeln geprägt ist.

Freiheit ist all das, was der Notwendigkeit entgegensteht und das, was Nadja in ihrer Gestalt repräsentiert. Sich gesellschaftlichen Zwängen zu widersetzen ist notwendig, um die absolute Freiheit zu erlangen. Aus diesem Grund betrachtet die surrealistische Herangehensweise auch die Traumprotokolle oder die *écriture automatique* als hilfreich im Hinblick auf das Erlangen der übergeordneten Realität. Ausschließlich durch das Ausschalten des Bewusstseins, des Verstandes und der rationalen Logik kann der Zustand erreicht werden, der der absoluten Freiheit nahe kommt.

Jedes Detail der Erzählung bringt diese zwei Komponenten der Freiheit und der Notwendigkeit ans Licht, wobei der *hasard objectif* die zentrale Rolle spielt.[27]

Ein Beispiel für den *hasard objectif* kann an Hand der Situation gezeigt werden, in der Breton mit seiner Frau und einer Freundin im Taxi unterwegs ist:

> [...] en taxi nous continuons à nous entretenir d'elle, comme nous l'avions fait pendant le déjeuner. **Soudain**, alors que je ne porte aucune attention aux passsants, je ne sais quelle rapide tache, là, sur le trottoir de gauche, à l'entrée de la rue Saint-Georges, me fait presque mécaniquement frapper au carreau. C'est comme si Nadja venait de passer. Je cours, **au hasard**, dans une des trois directions qu'elle a pu prendre. C'est elle, en effet [...]. [eigene Hervorhebungen] [28]

---

[25] Castre (1971) , S. 27.
[26] Vgl. ebd., S. 40.
[27] Vgl. ebd.
[28] *Nadja* (1963), S. 89/90.

9

Diese Szene der Erzählung verdeutlicht sehr gut das Phänomen des *objektiven Zufalls*. Der Vorfall ereignet sich in dem Moment, in dem Breton im Taxi mit seiner Frau und einer Freundin fährt und mit ihnen über Nadja redet. Dabei achtet er nicht auf die Umgebung. Ganz unerwartet und plötzlich meint er im Augenwinkel etwas wahrzunehmen und steigt mit der Vorahnung aus, Nadja zu finden. Er wählt eine der möglichen Richtungen, die sie genommen haben könnte und trifft tatsächlich auf die junge Frau, was zusätzlich mit ihrer Anziehungskraft auf bestimmte Menschen in Zusammenhang stehen könnte (siehe 3.1).

3.1 Die Zeichen und Vorahnungen

Während des Aufenthalts der beiden Protagonisten in Paris ereignen sich immer wieder kuriose Zeichen oder Vorahnungen Nadjas. Sie sieht merkwürdige, traumartige Bilder oder kann in bestimmten Situationen voraussehen, was passieren wird. Eine erste Vorhersehung ereignet sich beispielsweise, als die beiden durch Paris spazieren und Nadja plötzlich stehen bleibt und Breton auf ein kleines, etwas entferntes, zunächst dunkles Fenster aufmerksam macht:

> Le regard de Nadja fait maintenant le tour des maisons. « Vois-tu, là-bas, cette fenêtre ? Elle est noir, comme toutes les autres. Regarde bien. Dans une minute elle va s'éclairer. Elle sera rouge. » La minute passe. La fenêtre s'éclaire. Il y a, en effet, les rideaux rouges.[29]

Breton bezeichnet die Personen, die solche Gegebenheiten mit üblichen Zufällen erklären, als *amateurs de solutions faciles*.[30]

Kurz darauf erzählt Nadja von einem blauen Wind, den sie in den Bäumen beobachtet und von einer Stimme, die sie wahrgenommen hat. Diese sagt ihr voraus, dass sie sterben wird:

> Il y avait aussi une voix qui disait: Tu mourras, tu mourras. Je ne voulais pas mourir mais j'éprouvais un tel vertige....[31]

Eine weitere merkwürdige Situation ereignet sich, als die beiden im Restaurant Delaborde speisen. Der Kellner scheint absolut fasziniert und angezogen von Nadja zu

---

[29] *Nadja* (1963), S. 96.
[30] Vgl. Castre, 1971, S. 37.
[31] *Nadja* (1963), S. 82.

sein und zerbricht während des gesamten Essens elf Teller (vgl. *Nadja*, S. 97/98). Besonders interessant ist, wie Nadja auf ihre Wirkung auf den Kellner reagiert:

> Nadja n'est aucunement surprise. Elle se connaît ce pouvoir sur certains hommes, entre autres ceux de race noir, qui, où qu'elle soit, sont contraints de venir lui parler.[32]

Sie scheint sich ihrer besonderen Wirkung auf andere Menschen und ihrer Fähigkeit Dinge vorauszusehen, vollkommen bewusst zu sein.

Kinder sind durch ihre Naivität, ihre Einbildungskraft und Imagination noch frei von gesellschaftlichen Zwängen. Sie sind weniger mit Vorurteilen belastet und glauben an das Fantastische. In seinem Manifest spricht Breton über den Menschen und die Kindheit:

> Une grande modestie est à présent son partage : il sait quelles femmes il a eues, dans quelles aventures risibles il a trempé; sa richesse ou sa pauvreté ne lui est de rien, il reste à cet égard **l'enfant** qui vient de naître [...]. Là, **l'absence de toute rigueur connue** lui laisse la perspective de plusieurs vies menées à la fois; il s'enracine dans cette illusion; il ne veut plus connaître que la facilité momentanée, extrême de toutes choses. Chaque matin, **des enfants partent sans inquiétude**. Tout est près, les pires conditions matérielles sont excellentes. [...] **Cette imagination qui n'admettent pas de bornes**, on ne lui permet plus de s'exercer que selon les lois d'une utilité arbitraire; elle est incapable d'assumer longtemps ce rôle inférieur et, aux environs de la vingtième année, préfère, en général, abandonner l'homme à son destin sans lumière. [eigene Hervorhebungen][33]

Breton beschreibt die grenzenlose Imagination über die Kinder verfügen, auf die der Mensch ab dem zwanzigsten Lebensjahr aber wegen gesellschaftlicher Zwänge keinen Zugriff mehr hat.

Im Text wird erwähnt, dass Nadja eine besondere Anziehungskraft auf Kinder ausübt und dass sie gern mit ihr sind:

> Elle sait qu'elle attire toujours les enfants: où qu'elle soit, ils ont tendance à se grouper autour d'elle, à venir lui sourire.[34]

Nadja repräsentiert die absolute Unabhängigkeit, die Freiheit. Sie ist an keinerlei gesellschaftliche Normen gebunden. Auch ihre Tätigkeit als Prostituierte verstärkt dieses Loslösen von gesellschaftlich festgelegten Regeln.

Als Breton sie beispielsweise danach fragt, wo sie essen möchte, ist er von ihrer Leichtigkeit und Ungezwungenheit beeindruckt:

---

[32] *Nadja* (1963), S. 98.
[33] Breton (1924), S. 13/14.
[34] *Nadja* (1963), S. 86/87.

> Et soudain, cette légèreté que j'ai n' ai vu qu'à elle, cette *liberté* peut-être précisement: « Où ?
> [...] mais là, où là [...] où je suis, voyons. C'est toujours ainsi. » [35]

Die Tatsache, dass das Wort *liberté* im Text kursiv hervorgehoben ist, verstärkt die Wichtigkeit dieses Aspekts.

Durch das immer häufigere Auftreten unterschiedlicher Vorahnungen und Signale wird allmählich ersichtlich, dass Nadja zudem in der Lage zu sein scheint, die Gedanken Bretons wahrzunehmen und widerzuspiegeln.

In dieser Hinsicht ist es interessant die wechselseitige Beziehung zwischen dem Paar zu untersuchen, worauf nun genauer eingegangen werden soll.

4 Die Beziehung zwischen Breton und Nadja

Um die Beziehung zwischen dem Autor und Nadja genauer zu veranschaulichen, soll zunächst ein Blick auf das erste Treffen geworfen werden:

> Sans hésitation j'adresse la parole à l'inconnue, tout en m'attendant, j'en conviens du reste, au pire. Elle sourit, mais très mystérieusement, et, dirai-je, comme *en connaissance de cause*, bien qu'alors je n'en puisse rien croire. [36]

Breton spricht die Unbekannte an, die auf geheimnisvolle Weise lächelt, als würde sie bereits die Ursache ihres Treffens kennen.

Als Nadja ihren russischen Namen erklärt und verdeutlicht, dass dieser auf russisch den Anfang der Hoffnung bedeutet und sie das Treffen als einen Beginn bezeichnet, bleibt zunächst unklar, was mit diesem Anfang gemeint ist. An einer späteren Stelle im Text heißt es:

> C'est devant cette fenêtre qui a l'air condamnée qu'il faut absolument attendre. Elle le sait. C'est de là que tout peut venir. **C'est là que tout commence.** [37] [eigene Hervorhebung]

Nadja hält sich an den Gitterstäben eines Fensters und will nicht weiter gehen. Sie befindet sich in einer Art Trance. Es folgt dann eine Reihe von Erscheinungen des *harsard objectif*. Die Gesamtheit dieser Zeichen, stellt folglich den Beginn dar. Die Synthese zwischen dem *Merveilleux* und dem alltäglichen Leben.

---

[35] *Nadja* (1963), S. 69.
[36] Ebd., S. 59.
[37] Ebd., S. 67/68.

Castre bezeichnet das Treffen der beiden als eine *révélation*[38] für Breton und spricht außerdem von tiefgreifenden Auswirkungen auf das Leben beider sowie auf die Geschichte des Surrealismus.[39] Darüber hinaus nennt er das Zusammentreffen und die Geschichte von Breton und Nadja eine ideale Manifestation des *hasard objectif.*[40]

Durch die Wichtigkeit dieser *faits*, die den Anfang des surrealistischen Weges der beiden darstellen, wird die mediale Rolle Nadjas relevant. Durch ihre Fähigkeit Dinge wahrzunehmen, die andere Menschen nicht sehen können, bringt sie Breton gewisse Erscheinungen und Signale nahe, dessen Zugang ihm ohne die vermittelnde Rolle Nadjas verschlossen bliebe.

4.1 Nadja in der Rolle des Mediums

Castre beschreibt Nadja als ein Medium, da sie in der Lage ist, die Gedanken Bretons wahrzunehmen und zum Ausdruck zu bringen. Sie kommunizieren auf metaphysische Weise.[41] Während eines Spazierganges beispielsweise, halten die beiden an einem Springbrunnen:

> Devant nous fuse un jet d'eau dont elle paraît suivre la courbe. «Ce sont tes pensées et les miennes. Vois d'où elles partent toutes, jusqu'où elles s'élèvent et comme c'est encore plus joli quand elles retombent. [...] » Je m'écrie: «Mais, Nadja, comme c'est étrange ! Où prends-tu justement cette image qui se trouve exprimée presque sous la même forme dans un ouvrage que tu ne peux pas connaître et que je viens de lire ?».[42]

Sie spiegelt die Gedanken ihres Partners wider und kann vor diesem Hintergrund als eine Art Medium gesehen werden. Dabei erscheinen ihre Visionen immer, wie Ausschnitte aus einem Traum, die in ihrer Realität sichtbar werden und typisch surrealistischen Charakter haben. Es handelt sich immer wieder um Elemente, die eigentlich nicht zusammenpassen und somit in ihrer Gesamtheit möglicherweise gar keinen Sinn ergeben. Als Nadja beispielsweise das beleuchtete Wasser der Seine beobachtet und plötzlich eine Hand darüber erkennt, weiß sie zunächst nicht, was dieses Symbol zu bedeuten hat (vgl. *Nadja*, S. 84/85), doch kurz darauf geht sie erneut auf die Hand ein:

---

[38] Castre (1971), S. 31.
[39] Vgl. ebd.
[40] Vgl. ebd.
[41] Vgl. ebd., S. 36.
[42] *Nadja* (1963), S. 85.

> Elle est de nouveau très distraite et me dit suivre sur le ciel un éclair que trace lentement une main. «Toujours cette main.» Elle me la montre réellement sur une affiche [...] « **La main de feu**, c'est à ton sujet, tu sais, **c'est toi** ». [eigene Hervorhebungen][43]

Nadja ist folglich ein Medium, das die surrealistischen Erscheinungen, sowohl ihre eigenen, als auch die ihres Partners, zum Ausdruck bringen kann. Die genannten Phänomene, die mit ihr in Verbindung stehen, machen aus ihr eine interessante und vor allem surrealistische Figur. Castre charakterisiert sie als *fantôme surréaliste*[44]. Durch die eben beschriebenen Gegebenheiten entsteht gleichzeitig ein gewisses Abhängigkeitsverhältnis zwischen dem Paar, worauf nun genauer eingegangen werden soll.

4.2 Das Abhängigkeitsverhältnis zwischen Breton und Nadja

Besonders Nadja ist der Ansicht, dass sie absolut in der Macht Bretons steht, weil sie davon ausgeht, dass er ihre Gedanken sogar steuern kann:

> Elle me parle maintenant de mon pouvoir sur elle, de la faculté que j'ai de lui faire penser et faire ce que je veux, peut-être plus que je ne crois vouloir. Elle me supplie par ce moyen de ne rien entreprendre contre elle.[45]

Sie glaubt, dass ihr Freund die absolute Macht ihr gegenüber besitzt und dass, falls er diese entsprechend anwenden würde, er ihr mit dieser Fähigkeit sogar Schaden zufügen könnte. Auch Breton ist sich der Tatsache bewusst, dass sie nur durch ihn dazu in der Lage ist, die Verbindung zur objektiven Welt zu erhalten:

> [...] j'étais aussi de plus en plus alarmé de sentir que, lorsque je la quittais, elle était reprise par le tourbillon de cette vie se poursuivant en dehors d'elle [...] Mais comme certains jours elle paraissait vivre de ma seule présence, sans porter la moindre attention à mes paroles [...]. [46]

Es scheint, als würde Nadja ausschließlich durch die Anwesenheit Bretons existieren können. Das Surrealistische entsteht durch das Zusammenspiel beider Protagonisten und verschwindet im Falle der Trennung. Beide Figuren bedingen einander.[47]

Doch auch Breton scheint in einer gewissen Abhängigkeit ihr gegenüber zu stehen, denn ohne sie würde ihm der Zugang zu dieser surrealistischen Welt versperrt bleiben. So notiert der Autor am siebten Oktober:

---

[43] *Nadja* (1963), S. 116/117.
[44] Ebd.
[45] Ebd., S. 78.
[46] Ebd., S. 116.
[47] Vgl. Castre (1964), S. 38.

14

> Dans l'état où elle est, elle va forcément avoir besoin de moi [...] Que faire tantôt, si je ne la vois pas ? Et si je ne la voyais plus ? Je ne *saurais* plus. [...].[48]
>
> [...] mais j'ai pleuré longtemps après l'avoir entendu, comme je ne me croyais plus capable de pleurer. Je pleurais à l'idée que je ne devais plus revoir Nadja, non je le pourrais plus.[49]

Bereits der erste Satz der Erzählung *Qui suis-je?* (vgl. *Nadja*, S. 7) deutet auf die Identitätssuche des Autors hin. Nadja scheint für ihn diesbezüglich eine wichtige Rolle zu spielen. Während des gesamten ersten Teils der Erzählung stellt er sich immer wieder Fragen, die zunächst unbeantwortet bleiben und mit seiner Selbstfindung in Zusammenhang stehen:

> [...] je m'éfforce [...] de savoir en quoi consiste [...] **ma différenciation**. N'est-ce pas dans la mesure exacte où je prendrai conscience de cette différenciation que je me révélerai ce qu'entre tous les autres je suis venu faire en ce monde **et de quel message unique je suis porteur** [...]? [eigene Hervorhebungen] [50]

Am Ende des ersten Teils der Erzählung, bevor Nadja auftaucht, erklärt er, dass er seine Arbeit nicht verfasst hat, um den Sinn des Lebens zu erfassen, *mais j'anticipe [...] ce qu'à son temps m'a fait comprendre et ce qui justifie [...] l'entrée en scène de Nadja.*[51] Er verdeutlicht, dass er den Sinn des Auftretens Nadjas verstanden habe. Am zwölften Oktober notiert Breton:

> Qui étions-nous devant la réalité, **cette réalité que je sais maintenant** couchée aux pieds de Nadja, comme un cien fourbe ? [eigene Hervorhebung][52]

Er spricht von einer Realität, die er in Nadja zu finden glaubt. Wie bereits erwähnt, symbolisiert die Gestalt Nadja all das, was mit der surrealistischen Idee in Verbindung gebracht wird. Dementsprechend kann man festhalten, dass die Abhängigkeit Bretons gegenüber Nadja deshalb besteht, weil er durch sie den Zugang zur übergeordneten Realität erfahren kann. Auch durch die Rolle des Mediums wird diese These noch einmal verdeutlicht.

Auf der anderen Seite übt Breton, wie bereits beschrieben, eine gewisse Kraft auf Nadja aus. Durch ihn ist es für sie möglich, zumindest ansatzweise, noch einen Bezug zur objektiven Welt in sofern zu behalten, als sie durch ihn eine Rückwirkung ihrer Zustände erfährt. Ohne ihn wäre sie in ihren Halluzinationen und Angstzuständen gefangen.

---

[48] *Nadja* (1963), S. 88/89.
[49] Ebd., S. 114.
[50] *Nadja* (1963), S. 9.
[51] Ebd., S. 55.
[52] Ebd., S. 109/110.

15

Es besteht folglich ein unabdingbares Abhängigkeitsverhältnis zwischen dem Paar.

Am Anfang des zweiten Teils des Buches, der Nadja gewidmet ist, werden die Treffen der beiden genau notiert und beschrieben. Die Orte, die Cafés oder Restaurants, in denen die Begegnungen stattfanden, die Gesten, die Kleidung oder das Gesagte der Unterhaltungen werden zunächst noch auf detailierte Weise erläutert. Am siebten Oktober beispielsweise, notiert Breton die Ereignisse des Vorabends, die ihn beschäftigen und ihm keine Ruhe lassen. Nadja hatte an diesem Abend unfassbare Dinge vorhergesehen und Erscheinungen wahrgenommen, die Breton stark beeindruckten. Darüber hinaus wird sein starkes Interesse an der geheimnisvollen Frau sowie seine Befürchtung, sie nicht mehr wieder zu sehen, an dieser Stelle besonders deutlich.[53]

Im weiteren Verlauf sinkt die Spannungskurve. Der Autor scheint das Interesse an Nadja zu verlieren und sich nicht mehr wirklich für ihre Geschichten zu interessieren. Breton ist von den Unterhaltungen gelangweilt, da das *Merveille* aus der Welt des Paares verschwunden zu sein scheint:

> De plus Nadja est arrivée en retard et je ne m'attends de sa part à rien d'exceptionnel. Nous déambulons [...] très séparément. [...] Je m'ennuie.[54]

> J'avais, depuis longtemps, cessé de m'entendre avec Nadja. À vrai dire peut-être ne nous sommes-nous jamais entendus [...].[55]

Ab diesem Zeitpunkt lässt die Aktualität Nadjas in seinem Leben nach, die prezise Chronologie ihrer Treffen sowie die Beschreibung dergleichen lassen im Werk nach. Auch, wenn sich Breton und Nadja in Wahrheit noch bis Mitte Februar 1927 kontinuierlich trafen, so zeigt der Text nur noch seltene und unregelmäßige Notierungen bis hin zum Weglassen jeglicher Daten. Die Bemerkungen über Nadja, die Breton zum Ende hin noch an manchen Stellen notiert, können daher nicht mehr zeitlich zugeordnet werden.

---

[53] Vgl. Mourier-Casile (1994), S. 53.
[54] *Nadja*, S. 103/104.
[55] Ebd., S. 125.

5 Die Illustrationen

Im Hinblick auf das *Merveille*[56] und den *hasard objectif* sind auch die Bilder bzw. Fotografien in der Erzählung von großer Wichtigkeit. Breton ist von der mysteriösen Welt der jungen Frau fasziniert und stellt diesbezüglich immer wieder Fragen, um die geheimen Mechanismen verstehen zu können. Für ihn bedeuten die Zeichen und Signale keinesfalls die Existenz eines Jenseits. Im Gegensatz dazu will er die Zeichen im realen und gegenwärtigen Alltag einordnen und folglich objektivierbar machen. In diesem Zusammenhang müssen auch die Fotografien von den vielen Orten und die Portraits, die mit der Erzählung in Relation stehen, betrachtet werden.[57]

Breton ist der Ansicht, dass die Fotografie einerseits, die Realität wiedergibt, gleichzeitig aber auch geeignet ist letztere zu manipulieren und das menschliche Auge zu täuschen.

> [...] Louis Aragon me faisait observer que l'enseigne d'un hôtel de Pourville, qui porte en caractères rouges les mots : MAISON ROUGE était composée en tels caractères et disposée de telle façon que, sous une certaine obliquité [...] «MAISON» s'effaçait et «ROUGE» se lisait «POLICE».[58]

Eine ähnliche, täuschende Wirkung hat das Gemälde, dass die *dame au gant* ihm am gleichen Tag zeigt. Das Bild zeigt, je nach dem Betrachtungswinkel, von dem aus man es sich anschaut, einmal einen Tiger, ein Gefäß oder einen Engel (vgl. *Nadja*, S.53/54).

Die Fotografie bezeugt gleichzeitig aber auch die Wahrhaftigkeit bestimmter Ereignisse, Orte oder Personen. Folglich hat sie die Funktion zu belgen, dass gewisse Dinge tatsächlich stattgefunden haben.[59]

Durch die Bilder kann dementsprechend Authenzität garantiert und die Wahrheit in der Realität verankert werden. Im Hinblick auf *Nadja* dient die Fotografie folglich der neutralen, objektiven Betrachtung und hat zusätzlich die Funktion das *Merveille* in der Realität zu verankern und zu belegen, dass das Erzählte tatsächlich stattgefunden hat.

---

[56] Mourier-Casile (1994), S. 133.
[57] Vgl. ebd., S. 135.
[58] *Nadja* (1963), S. 52/53.
[59] Vgl. ebd., S. 139.

Die Illustrationen, die Breton für die Erzählung gewählt hat, sind gekennzeichnet durch ihre Neutralität, ihre Banalität und sie ähneln klassischen Postkartenmotiven. Sie haben zunächst, auf einen ersten Blick nichts Surrealistisches an sich. Doch genau diese Banalität und Einfachheit ist für André Breton notwendig gewesen, um aufzuzeigen, dass sich das *Merveille*, das plötzliche Auftauchen des Magischen im Herzen des normalen Alltags wiederfindet und auf diese Weise objektiviert werden kann.[60] Dabei hängt es von dem entsprechenden Betrachter ab, ob er offen dafür ist, Signale des Ungewöhnlichen wahrzunehmen oder diese sogar hervorzurufen.[61] Die Fotografien, von denen der Text durchzogen ist, sind zudem verstreut angeordnet und nicht in den Textverlauf integriert. Schaut man sich die Bilder etwas genauer an und vergleicht sie miteinander, so fällt auf, dass alle ein gemeinsames Merkmal aufweisen. Die Orte, die die Umgebung des Paares darstellen, wirken vereinsamt, leer und unbelebt, und es scheint, als würde auf dieser Welt keine weitere menschliche Seele existieren. Das Bild von dem Standbild von Etienne Dolet beispielsweise auf der Place Maubert zieht den Autor einerseits an, andererseits verursacht es auch ein unerträgliches Unbehagen. Auch die Fotografie der kleinen Boutique mit den Holzkohlen erzeugt dieses triste Bild und verursacht beim Betrachter die gleiche unbehagliche Stimmung von Verlassenheit und Einsamkeit.[62]

Unter den Bildern befinden sich stets kurze Erläuterungen, die in Zusammenhang mit dem Text stehen. Dabei kopiert Breton teilweise wörtlich übernommene Zeilen aus dem Text und verweist zusätzlich auf die ensprechende Textstelle mit Seitenangabe.

---

[60] Vgl. Mourier-Casile (1994), S. 141.
[61] Vgl. ebd.

[62] Zusätzlich befinden sich in der Erzählung Portraits von beispielsweise Paul Eluard, Desnos oder Péret. Die Portraits der Mitglieder der *groupe surréaliste*, die sich 1925 bildete, weisen auf die surrealistische Bewegung hin und unterstreichen die Wichtigkeit und Relevanz dergleichen für das Werk *Nadja*.

5.1 « *Mme Sacco* », « *Blanche Derval* » und « *Ses yeux de fougère* »

Einige Illustrationen wären für den Leser wenig aufschlussreich, wenn der Text diese nicht genauer erläutern würde. Dabei geht es aber auch weniger um den Hintergrund der Personen an sich, sondern vielmehr um thematische Inhalte, die mit dem Text in Verbindung stehen und erst im Zusammenhang Sinn ergeben.

Das Portrait von Mme Sacco beispielsweise ist vor allem deshalb von Wichtigkeit, weil es den Aspekt des Hellsehens, der im Text in Bezug auf Nadja kontinuierlich eine große Rolle spielt, thematisiert.[63] Das Portrait der Hellseherin steht außerdem mit dem von Blanche Derval in Zusammenhang, denn auch hier sind ihre Augen auf gleiche Weise hervorgehoben und ähneln stark der Beschreibung der dunkel geschminkten Augen von Nadja.[64] Die Montage von Nadjas Augen (*Ses yeux de fougère*) unterscheidet sich durch den collagenhaften Zusammenschnitt von den anderen. Auf der schwarz-weiß Fotografie werden ausschließlich ihre Augen dargestellt. Sie zeugt von der Wahrhaftigkeit der Person Nadja. Die Fotomontage der Augen zeigt die Vervierfachung des Blicks und betont dadurch erneut den Aspekt des Sehens bzw. Hellsehens.

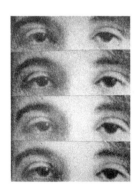

Folglich kann man festhalten, dass die Bilder den Text nicht nur illustrieren, sondern mit ihm auch in Beziehung stehen und zur Sinngebung verhelfen. Diesbezüglich entsteht in *Nadja* durch die Bild-Text-Verbindung ein merkwürdiges Objekt, dass sich sowohl lesen, als auch betrachten lässt.[65]

---

[63] Vgl. Mourier-Casile (1994) , S. 137.
[64] Vgl. ebd., S. 137/138.
[65] Vgl. Mourier-Casile, S.137.

5.2 Nadjas Zeichnungen

Die zehn Zeichnungen Nadjas haben, wie auch die anderen Illustrationen im Buch, eine Beweisfunktion. Ihre Bilder, die sie selbst signiert hat, belegen, dass die Passantin, die Breton am vierten Oktober kennengelernt hatte, tatsächlich existiert. Die meisten Zeichnungen sind in einem kompakten Block hintereinander aufgeführt. Sie unterbrechen den Text. An dieser Stelle scheint der Text das erste und einzige Mal die Illustrationen zu kommentieren und ansatzweise Hinweise auf deren Sinn zu geben.[66]

Die Zeichnungen bleiben jedoch merkwürdig und wenig aufschlussreich. Die Wörter Nadjas scheinen wie magische Formulierungen oder Rätsel und auch der Text, der diese beschreibt hilft wenig, um die Illustrationen zu entschlüsseln und verdeutlichen bereits Formen des Wahnsinns.

5.2.1 Die Darstellung Najas in den Zeichnungen

Mourier-Casile ist der Ansicht, dass Nadja mit Hilfe der Bilder versucht zu kommunzieren und sich selbst darzustellen.[67]

Dementsprechend gibt es Autoportraits von ihr als Prinzessin oder Fee, als Meerjungfrau auf zwei Zeichnungen, als maskierte Geliebte oder als Monster. Immer wieder versucht sie das Andere, das in ihr steckt, zeichnerisch darzustellen. Doch schafft sie es ausschließlich sich entweder von hinten, maskiert oder unvollständig zu präsentieren. Darüber hinaus stellt sie immer wieder die Frage nach ihrer Identität. Dabei spiegelt sie indirekt das Selbstbild Bretons wider, der sich ebenfalls die Fragen stellt: « Qui suis-je ? » , « Qui je hante ? » (*Nadja*, S. 9).

Ausschließlich zweimal stellt sich Nadja von vorn dar und nimmt menschliche Figur an. Doch jedes Mal unvollständig. Wenn beispielsweise ihr Gesicht zu erkennen ist, bleibt der Körper bedeckt und die vollständige Identität verschlüsselt. Das Montagebild (Beschreibung, *Nadja*, S. 111) zeigt von ihrem Gesicht ausschließlich die Augen. Ebenso sind auf dem Zusammenschnitt von ihrem Kopf und der Hand ausschließlich ihre dunkel geschminkten Augen und ihre Haare zu erkennen, der untere Teil des Gesichts fehlt aber und wird zu einem weißen Dreieck. Dass es sich bei dem Gesicht

---

[66] Vgl. ebd., S. 144.
[67] Vgl. Mourier-Casile, S. 146.

um Nadjas handelt, bezeugt die Signatur. Die Zahl 13 befindet sich in dem Herz in der Mitte des Gesichts und symbolisiert auf der einen Seite die Unglückszahl, die auch mit dem Tot in Verbindung steht und auf der anderen lässt sie sich eben so als Monogramm André Bretons lesen: A.B..

Die weiße Hand, die von dem Gesicht aus nach unten ausgestreckt ist, stellt ebenfalls die des Autors dar (*La main de feu, c'est à ton sujet, tu sais, c'est toi*, S. 116/117).[68] An mehreren Stellen im Werk bringt Nadja Breton mit einer Hand in Verbindung, die ihr immer wieder auf unterschiedliche Weise erscheint.

Für Breton sind die Zeichnungen Nadjas nicht zu entschlüsseln (« Mais que me proposait-elle ? N'importe »[69]) und auch sie selbst kann ihre Darstellungen nicht immer klar deuten, sondern stellt sie nur in der Form dar, in der sie ihr erschienen sind. Nadja versteht nicht, warum sie die Form des Buchstaben L so fasziniert und kann sich ebenfalls die rechteckige Maske nicht erklären. Die bizarren Zeichnungen bleiben für den Betrachter letztendlich wenig aufschlussreich und gleichzeitig doch interessant, da man durch sie Einblick in das Innere der mysteriösen Person erhält, auch wenn der genauere Sinn dabei verborgen bleibt.

---

[68] Vgl. ebd., S. 148.
[69] *Nadja*, S. 127.

6 Nadja und die *folie*

An dieser Stelle soll der Aspekt der moralischen Verantwortung Bretons gegenüber der jungen Frau analysiert werden, denn medizinisch gesehen, galt sie als verrückt und wurde dementsprechend in eine die psychiatrische Anstalt eingewiesen. Sie war arm und allein:

> Mais Nadja était pauvre, [..]. Elle était seule aussi : « [...] Je n'ai que vous pour ami », disait-elle à ma femme, au téléphone, la dernière fois. Elle était forte, enfin, et très faible, comme on peut l'être, **de cette idée qui toujours avait été la sienne, mais dans laquelle je ne l'avais que trop entretenue, à laquelle je ne l'avais que trop aidée** à donner le pas sur les autres: à savoir que la liberté [...] demande à ce qu'on jouisse d'elle sans restrictions dans le temps où elle est donnée [...] demeure la seule cause qu'il soit digne de servir.[70]

Diese Schwäche ist auf ihre eigene Idee zurückzuführen, bei der er sie ausschließlich unterstützt und ihr geholfen hat. Es handelt sich dabei um die größtmögliche Freiheit, die ein Mensch erreichen kann. In dieser Hinsicht stellt sich dann die Frage, ob Breton sie nicht eher hätte in eine entsprechende Anstalt einweisen sollen, um ihren Zustand nicht zu verschlechtern. Sie litt unter schweren Angstzuständen, die auch im Text beschrieben werden und dem Autor folglich bekannt waren:

> Le long des quais, je la sens toute tremblante.[71]

> Dans l'état où elle est, elle va forcément avoir besoin de moi, de facon où d'autre, tout à coup.[...] Elle tremblait hier, de froid peut-être. Si légèrement vêtue.[72]

Genau dieser Aspekt wurde ihm zum Vorwurf gemacht.

In seinem Manifest schreibt Breton über die Imaginationskraft des Menschen:

> Chère imagination, ce que j'aime surtout en toi, c'est que tu ne pardonnes pas. [...] il faut bien reconnaître que la plus grande liberté d'esprit nous est laissée. A nous de ne pas en mésurer gravement. [...] Où commence-t-elle à devenir mauvaise et où s'arrête la sécurité de l'esprit ? [...] Reste la folie, « la folie qu'on enferme » a-t-on si bien dit.[73]

Er ist der Ansicht, dass jeder Mensch frei ist, über seine eigene Imaginationskraft zu verfügen und sie zu nutzen. Dabei liegt es an ihm, ob er sie missbraucht oder nicht. Die Gefahr besteht jedoch darin, seiner Einbildungskraft keine Grenzen zu setzen und zum Opfer zu werden. In diesem Fall spricht man von der *folie*.

---

[70] *Nadja* (1963), S. 134/135.
[71] Ebd., S. 97.
[72] Ebd., S. 104.
[73] Ebd., S. 14/15.??????

Als Léona am 21. März 1927 in die psychatrische Anstalt eingeliefert wird, bleiben Breton nur noch ihre Zeichnungen und die Briefe, die sie ihm geschrieben hat und die ihre Liebe ihm gegenüber erneut belegen.[74] Doch er selbst konnte sie nicht lieben. An die Stelle Nadjas tritt zunächst Lise Meyer, *la dame aux gants blancs* [75], die Breton noch immer liebt, was aus einem Brief von ihm an sie adressiert, hervorgeht.[76]Im November 1927 trifft er sich dann mit Emmanuel Berl in einem Café, wo er auch Suzanne Muzard kennenlernt. Er verliebt sich sofort in die hübsche, junge, blonde Frau. Doch Suzanne kommt kurz darauf mit Berl zusammen und sie reisen nach Tunesien. Den letzten Teil von *Nadja* verfasste André Breton folglich, als er mit dem Herzen bei Suzanne war.[77] Trotz mehrerer Versuche von Breton Suzanne für sich zurück zu gewinnen, heiratet sie Berl ein Jahr später. Währenddessen befindet sich Nadja noch immer abgeschlossen von der Welt in der Irrenanstalt, wo sie insgesamt 15 lange Jahre verbrachte und 1941 stirbt.[78]

Breton selbst hat sich im Hinblick auf Nadjas Schicksal die Frage nach seiner Verantwortung ihr gegenüber gestellt. Dabei ging es ihm jedoch weniger darum, ob er das ausweglose Ende hätte verhindern können, sondern vielmehr darum, ob er ihre Geschichte zur Materie seines Buches hätte machen sollen.[79] Bevor Nadja jedoch auf Breton traf, war sie mit ihren Halluzinationen vollkommen allein gelassen und hatte keinerlei Verbindung zur objektiven Existenz mehr. Möglicherweise stellte die Bekanntschaft mit Breton für sie auch eine Hilfe dar, denn durch ihn hat sie ihre Wahrnehmungen als Echo in einem anderen Geist wieder finden können und somit den Bezug zur Realität zumindest ansatzweise beibehalten können.

---

[74] Vgl. Fauconnier (2004), S. 101 f.
[75] Vgl. ebd., S. 102.
[76] Vgl. ebd.
[77] Vgl. ebd.
[78] Vgl. ebd., S 103.
[79] Vgl. Béhar (1990), S. 199.

Abschlussbetrachtungen

Abschließend kann man festhalten, dass das Werk, besonders durch das Zusammenwirken des Paares, eine perfekte Darstellung des *hasard objectif* präsentiert. Das Aufdecken des *Merveille* in der Realität wird zudem durch die Fotografien unterstrichen, die dem Werk illustrativen Charakter verleihen.

Nadja verkörpert die absolute Freiheit, die den gesellschaftlichen Normen und Pflichten sowie dem menschlichen, rationalen Bewusstsein gegenübersteht.

In der Rolle des Mediums verschafft sie dem Autor Zugang zur surrealistischen Welt, die von den Erscheinungen des *hasard objectif* geprägt ist. In dieser Hinsicht ist der Autor von ihr abhängig. Anders herum ist auch sie von ihm abhängig, denn er ist ihre einzige Bekanntschaft in Paris, ihr einziger Freund und ohne ihn wäre sie mit ihrem Zustand und ihrer finanziellen Lebenslage vollkommen allein gelassen.

Die umstrittene Frage nach der moralischen Verantwortung Bretons Nadja gegenüber bleibt jedoch bestehen, denn aus medizinischer Sicht war sie paranoid und litt unter Angstzuständen und Halluzinationen. Nicht umsonst wurde sie in eine psychiatrische Anstalt eingewiesen.

Breton gelingt es mit seinem Werk *Nadja* ein gelungenes Beispiel surrealistischen Schreibens zu präsentieren. Durch das Erzählte und die Portraits einiger Mitglieder der surrealistischen Bewegung im ersten Teil wird der Zusammenhang zum zeitlichen Hintergrund Bretons geschaffen. Zudem werden die Absichten der surrealistischen Bewegung verdeutlicht. Durch die Geschichte Nadjas sowie die Besonderheit ihrer Person und besonders durch ihre Zeichnungen im zweiten Teil wird der surrealistische Charakter der Erzählung nochmals verstärkt. Es entsteht eine Erzählung, die sich sowohl lesen, als auch betrachten lässt.

Literatur

Primärliteratur

- Breton, André: *Nadja*, Éditions Gallimard, 1964.

- Breton, André : *Manifeste du surréalisme*, 1924.

Sekundärliteratur

- Béhar, Henri : *André Breton, Le grand indésirable*, Calmann-Lévy, 1990,

S. 191-205.

- Carrouges, Michel : *André Breton et les données fondamentales du Surréalisme*, Gallimard, 1950.

- Castre, Victor: *André Breton. Trilogie surréaliste. Nadja, Les Vases communicants, L'Amour fou*, Paris 1971.

- Fauconnier, Bernard : *Les secrets de Nadja*, in : Mag.litt 429 (mars 2004),

S. 96-103.

- Mourier-Casile, Pascaline : *Nadja d'André Breton*, Gallimard 1994.

- Thélot, Jérôme : *Nadja, violence et morale*, in: Tacou, Constantin (Hrg.) : « André Breton » , L'Herne, Paris 1998, S. 283-297.

- Weyand, Björn : *Flaneure der Dingwelt, Flaneure der Geschichte, Surrealismus und New Historicism im Zeichen der topographischen Wende*, in: Kultur Poetik VI ('06), S. 37-55.